sobre o autor

Lester Bello inspira as pessoas com suas mensagens de realização pessoal há mais de 15 anos. Empresário bem-sucedido, Lester ensina princípios que têm ajudado corporações internacionais.

Atualmente é o editor e fundador da Bello Group International—um grupo empresarial baseado em princípios de excelência e integridade. Sua fé e a paixão pelo desenvolvimento pessoal são o núcleo de seu negócio e ministério. Como mentor, treinou outros empreendedores de sucesso ao longo dos anos através de seus programas. Um de seus maiores valores é o empenho em ajudar os outros a alcançarem o seu potencial, para viverem uma vida próspera e cumprirem o propósito de Deus.

Lester atualmente reside em Belo Horizonte, Brasil, com sua esposa Roane e seus dois filhos: Solomon e Valentina.

A Square

teve uma ideia simples:

viabilizar transações com cartão de crédito em celulares e tablets

Isso atraiu muita competição de empresas como PayPal, Here, Intuit, Groupon e outras.

Mas a Square apenas

a m p l i o u

a liderança que já tinha com um segredo:

canalizar o charme dos pequenos negócios.

ELA ATRAIU AS LOJAS LOCAIS COM UMA INSCRIÇÃO A PREÇO FIXO DE **APENAS 275** DÓLARES POR MÊS E CONQUISTOU O DIREITO DE PROCESSAR OS PAGAMENTOS DE TODAS AS 7 MIL LOJAS DA STARBUCKS. AGORA, A EMPRESA SQUARE PROCESSA MAIS DE **10 BILHÕES** DE DÓLARES EM TRANSAÇÕES POR ANO.

QUAL É A CHAVE DO SUCESSO DELES?

EM UMA PALAVRA:

ORAR

A FUNÇÃO DO HOMEM NA TERRA ERA

CRIAR!

NO PRINCÍPIO, DEUS

CRIOU

OS CÉUS E A TERRA

DEUS QUERIA SER AQUELE QUE LIDERARIA E CONDUZIRIA A HUMANIDADE.

A BÍBLIA NOS DIZ QUE O PRIMEIRO HOMEM, ADÃO, FOI CRIADO POR DEUS À SUA IMAGEM E SEMELHANÇA.

O CORPO HUMANO FOI A ÚLTIMA E MAIOR CRIAÇÃO TERRENA DE DEUS.

ADÃO FOI CRIADO COMO HOMEM PERFEITO, EM PLENA POSSE DE TODAS AS FACULDADES HUMANAS E COM A CONSCIÊNCIA DE DEUS, QUE LHE PERMITIA SER COMPLETO.

Michelangelo

PINTOU UMA CENA DO JARDIM DO ÉDEN NO TETO DA CAPELA SISTINA.

PODER CRIATIVO:

O DNA DE DEUS É UM MOVIMENTO CONTÍNUO QUE DÁ A VOCÊ O ACESSO A UM PODER DESCONHECIDO E INEXPLORADO QUE TRANSFORMARÁ SUA VIDA, SUA FAMÍLIA, SUA ECONOMIA, SUA CULTURA, SEU MUNDO!

CRIE!

A QUEDA
Adão e Eva

O HOMEM TORNOU-SE
LIMITADO

O PRIMEIRO ADÃO FALHOU. AO FAZER ISSO, ELE ENVOLVEU TODA A HUMANIDADE EM SUA DERROTA, ARRASTANDO A RAÇA HUMANA PARA BAIXO COM ELE. COMO RESULTADO, EM ADÃO TODOS NÓS ESTAMOS CONDENADOS, ESPIRITUALMENTE FALIDOS E ESCRAVIZADOS PELO PECADO.

POR CAUSA DA QUEDA DO HOMEM VEIO A ASCENSÃO DO HOMEM ATRAVÉS DO

ESCOLHIDO.

A PAIXÃO DE CRISTO

É UM FILME NORTE-AMERICANO DE 2004 DIRIGIDO POR MEL GIBSON E ESTRELADO POR JIM CAVIEZEL NO PAPEL DE JESUS CRISTO. O FILME MOSTROU AO MUNDO O AMOR DE DEUS PELA HUMANIDADE E VIMOS QUE MUITOS TINHAM SEDE DE SABER MAIS SOBRE O ESCOLHIDO. O FILME FOI UM SUCESSO E LUCROU 600 MILHÕES EM SEU LANÇAMENTO NOS CINEMAS.

O homem anseia por um **super-herói** de filme de ficção que possa **salvá-lo**

UM SALVADOR COMO KYLE REESE, DO FILME EXTERMINADOR DO FUTURO.

UM CLARK KENT COMO NO FILME SUPER-HOMEM PARA VIR SALVÁ-LO.

UM MORPHEUS DO FILME MATRIX, QUE ACREDITAVA QUE NEO ERA O ESCOLHIDO.

Mas, na verdade, o JESUS ESCOLHIDO

já veio e já se foi e nos devolveu a realidade da plenitude de Deus.

Crer em Jesus nos dá poder para alcançar possibilidades i m e n s u r á v e i s .

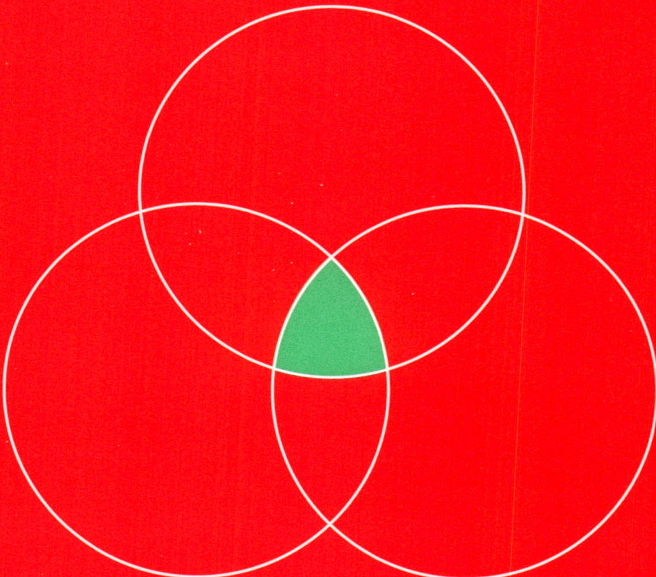

O Escolhido

nos une novamente para vivermos ao máximo em todas as áreas da vida.

Os maiores criadores são aqueles que não limitam o poder criativo dentro de si!

Eles não param diante de um desafio, mas procuram outras oportunidades.

O objetivo hoje é:

libe
rar
o poder

criativo dado a você pelo seu criador. Você tem acesso a um poder desconhecido capaz de transformar sua vida, sua família, sua economia, sua cultura, seu mundo!

O Criador lhe deu

a mesma capacidade que Ele tem para que você possa fazer o mesmo:

CRIAR!

Essa capacidade se chama poder criativo.

Lego é uma linha popular de brinquedos de montar fabricados pelo Grupo Lego, uma empresa de propriedade privada com sede em Billund, na Dinamarca. O produto que é a marca da empresa, o Lego, consiste de blocos coloridos de plástico que se integram uns aos outros e de uma série de engrenagens, minifiguras e diversas outras partes que o acompanham. Os blocos de Lego podem ser montados de muitas formas para construir objetos como veículos, prédios e até robôs operacionais. Qualquer coisa construída pode ser desmontada novamente e ter suas peças usadas para fazer outros objetos.

A LEGO

começou a fabricar blocos de brinquedo integráveis em 1949. Tempos depois uma linha completa de entretenimento da Lego se desenvolveu, dando origem a filmes, jogos, competições e a seis parques de diversões temáticos.

Em maio de 2013, o maior modelo já construído com peças de Lego foi exibido em Nova Iorque. Composto de mais de 5 milhões de blocos, era a reprodução em tamanho natural de um caça estelar do filme Star Wars.

Alexander Bell

é reconhecido por ter criado o primeiro telefone prático. Ele trabalhou também em tele-comunicações óticas, aeronáutica e aerobarcos.

Em sua época, Alexander Bell não teve uma visão dos telefones celulares ou dos smartphones, mas ele criou o telefone.

Sem o nascimento do telefone teria sido impossível vermos o nascimento de outras tecnologias.

A criatividade reage ao poder de Deus dentro de você.

Vazio + Poder criativo = Substância

1800 A Bateria,

DEVEMOS AGRADECER AO SAPO PELAS BATERIAS. NA DÉCADA DE 1780 O FÍSICO ITALIANO LUIGI GALVANI DESCOBRIU QUE A PATA DE UM SAPO MORTO SE CONTORCIA QUANDO ELE A TOCAVA COM DUAS PEÇAS DE METAL. GALVANI HAVIA CRIADO UM CIRCUITO BRUTO E O FENÔMENO FOI DESENVOLVIDO POR SEU AMIGO, O ARISTOCRATA PROFESSOR ALESSANDRO VOLTA, CUJAS CÉLULAS VOLTAICAS EMPILHADAS EM UMA "PILHA VOLTAICA" IMPRESSIONARAM NAPOLEÃO. A PILHA FOI TAMBÉM A PRIMEIRA BATERIA, CUJAS SUCESSORAS FORNECEM ENERGIA PARA MAIS DE UM TERÇO DOS DISPOSITIVOS QUE USAMOS HOJE EM DIA.

ATARI 1977 2600

A indústria de jogos hoje vale 30 BILHÕES DE DÓLARES.

O lançamento de novos títulos atrai mais atenção da mídia (e o entusiasmo de legiões de fanáticos por jogos) do que os maiores sucessos de Hollywood. Não era assim nos anos 70, quando os consoles eram compostos de circuitos permanentes para se jogar um ou dois jogos simples como o Pong.

A ATARI MUDOU ISSO COM O 2600, O PRIMEIRO CONSOLE A ACEITAR UM NÚMERO ILIMITADO DE CARTUCHOS DE JOGOS. O LANÇAMENTO EM 1978 DO JOGO SPACE INVADERS MANDOU PARA O ESPAÇO AS PRIMEIRAS VENDAS LETÁRGICAS, ANUNCIANDO A CHEGADA DA ERA DO WII, DO PS3 E XBOX 360.`

DO

VEJA!

VOCÊ PRECISA VER AS IDEIAS NO SEU INTERIOR PARA CAPTÁ-LAS. VOCÊ PRECISA TER ACESSO A ELAS A PARTIR DA CAPACIDADE DE DEUS. VOCÊ ESTÁ CHEIO DE NOVAS IDEIAS, NOVAS INVENÇÕES, NOVAS MANEIRAS CRIATIVAS DE FAZER O SEU TRABALHO OU DE SE COMUNICAR COM OS QUE O CERCAM.

O Google Glass, um computador que pode ser "vestido" e que projeta imagens diante dos olhos dos usuários já está sendo desenvolvido pelo Google.

Resumindo, o Google Glass é um computador embutido na estrutura de um par de óculos, e é o dispositivo que tornará a realidade ampliada parte das nossas vidas diárias. Com um visor que entra em foco quando você olha para cima e para a direita, os usuários poderão tirar e compartilhar fotos, fazer ligações com vídeo, verificar compromissos e acessar mapas e a internet. Os consumidores deverão ter acesso ao Google Glass por volta de 2014.

O jiu-jitsu **brasileiro** é uma

arte marcial, um esporte de combate e um sistema de **defesa pessoal** que foca em uma luta de agarramento e principalmente de solo. O jiu-jitsu brasileiro foi formado a partir dos princípios básicos da luta de solo Judô Kodokan, que foram ensinados a Carlos Gracie pelo mestre Mitsuyo Maeda.

Com o tempo, o jiu-jitsu brasileiro passou a ser uma arte marcial com características próprias, através dos experimentos, das práticas e da adaptação do conhecimento de Judô que Carlos e Helio Gracie desenvolveram. Eles então transmitiram esse conhecimento para sua família.

Câmera

O estudioso inglês William Talbot, inventor de uma das primeiras câmeras, foi inspirado por sua incapacidade de desenhar.

Retrate

Ele descreveu um de seus esboços como "melancolia a ser contemplada", desejando ter uma maneira de fixar no papel as imagens fotográficas passageiras que haviam sido observadas por séculos usando a câmera escura.

1826

Suas primeiras técnicas desenvolvidas em fins de 1830 estabeleceram o padrão por décadas – ele inventou o processo negativo/positivo – e a fotografia passou rapidamente de uma novidade para algo presente em todos os lugares.

Imagine

Essa difusão foi promovida em grande parte no ano de 1888 pela Kodak, de George Eastman, a primeira câmera a usar filmes fotográficos.

O maior **obstáculo** para a criação é ter **medo** do fracasso ou da derrota.

NÃO TENHA MEDO DE ERRAR

Se não der certo, tente outra vez e outra vez.

James Dyson

trabalhou em um protótipo do seu fenomenal aspirador acumulando mais de

5.126

TENTATIVAS FRACASSADAS

antes de aperfeiçoar o produto final. Depois disso ele fundou a companhia

dyson

e agora é mais conhecido como o inventor do aspirador sem saco Dual Cyclone.

KEEP
CALM

AND

CONTINUE
TENTANDO...

Aceite o fato de que você cometerá erros nos primeiros passos da criação, mas mas você nunca sabe o que acontecerá no fim.

O que acontece quando você está tentando inventar um poderoso adesivo industrial,

mas fracassa terrivelmente porque o seu adesivo não gruda com tanta força e pode ser arrancado facilmente?

Se você fosse o inventor Spencer Silver, observaria os outros atributos dessa cola fraca:

que ela não deixava resíduos nas superfícies, que com essa cola um objeto leve podia ser retirado e colado em outro lugar,

e que quando preso em um pedaço de papel ele se tornava o marcador de livros perfeito para o seu hinário.

Spencer foi em frente e inventou o adesivo Post-it.

Ruth
Graves Wakefield

não estava tentando fazer cookies com gotas de chocolate quando inventou o que hoje é a marca de cookies com gotas de chocolate da Toll House.

RUTH FEZ O QUE TODA BOA COZINHEIRA FAZ QUANDO ESTÁ SEM UM INGREDIENTE PARA UMA RECEITA: UMA SUBSTITUIÇÃO. RUTH NÃO TINHA CHOCOLATE EM PÓ PARA SUA RECEITA DE BISCOITOS, ENTÃO ELA SUBSTITUIU-O POR UMA BARRA DE CHOCOLATE MEIO AMARGO CORTADA EM PEDAÇOS.

Diferentemente do chocolate em pó – que teria derretido completamente e se distribuído uniformemente – os pedaços da barra de chocolate derreteram apenas parcialmente, deixando pedaços de chocolate derretido. Assim, uma nova receita de cookies com gotas de chocolate foi inventada.

Livre-se das desculpas.

sabão	600a.C.	Fenícios	Líbano
refrigerantes gasosos	1772	Joseph Priestley	Inglaterra
sonda	1915	Paul Langevin	França
selos, postagem	1840	Sir. Hill Rowland	Inglaterra
saxofone	1846	Antoine-Joseph Sax	Bélgica
Fita Durex	1930	Richard Drew (3M)	EUA
Equipamento de mergulho	1943	Jacques Cousteau, Émile Gagnan	França
Cinto de segurança	1959	Nils Bohlin (Volvo)	Suécia
máquina de costura	1841	Barthélemy Thimonnier	França
silicone	1904	Frederic Stanley Kipping	Inglaterra

Lembre-se desses criadores.

skate	1958	Bill & Mark Richards	EUA
patins para gelo	1000 a.C.	———	Escandinávia
patins com rodas	1760	Joseph Merlin	Bélgica
grampeador	1866	George W. McGill	EUA
forno de Micro-ondas	1945	Percy L. Spencer	EUA
espelho, vidro	c.1200	Venezianos	Itália
mini golfe	c.1930	Garnet Carter	EUA
míssil orientado	1942	Wernher von Braun	Alemanha
casa móvel	1919	Glenn H. Curtiss	EUA
código morse	1838	Samuel F.B. Morse	EUA
motor elétrico	1834	Thomas Davenport	EUA
motocicleta	1885	Gottlieb Daimler, Wilhem Maybach	Alemanha
cortador de grama a gasolina	c.1940	Leonard Goodall	EUA

fonte: http://www.edinformatics.com/inventions_inventors/

PERMITA QUE A SUA MENTE ACESSE A NATUREZA DIVINA QUE PODE FAZER VOCÊ IR ALÉM DA DIMENSÃO NATURAL.

GRASSHOPPER

O foguete reutilizável

Fomos capazes de enviar homens ao espaço desde os anos 60, mas isso nunca foi barato. Cada foguete que fizemos até agora foi pelo menos em parte descartável – o que significa que todos os foguetes que já construímos deixam pedaços no espaço e precisam ser parcialmente reconstruídos todas as vezes que são lançados.

Você deve ter imaginado que isso é dispendioso. O maior sonho da construção de foguetes é um foguete completamente reutilizável, mas até agora isso era apenas um sonho.

Eis que entra em cena Elon Musk, o bilionário fundador do PayPal que deseja ardentemente ir a Marte. Depois de muitos anos de trabalho, sua empresa aérea – a SpaceX – construiu o primeiro foguete reutilizável, que fez o seu primeiro voo de teste em setembro de 2012.

O FOGUETE, CONHECIDO COMO GRASSHOPPER, TEM A ALTURA DE UM PRÉDIO DE DEZ ANDARES E ATÉ AGORA VOOU DUAS VEZES, UMA ATÉ 2 METROS DE ALTURA E OUTRA ATÉ 6 METROS. PODE PARECER POUCA COISA, MAS AMBOS OS VOOS DE TESTE ATERRISSARAM EM SEGURANÇA, O FOGUETE FOI REUTILIZADO E, ALÉM DISSO, OS VOOS PROVARAM QUE O GRASSHOPPER É CAPAZ DE DECOLAR E ATERRISSAR NA VERTICAL – UMA NECESSIDADE QUANDO SE VIAJA PARA PLANETAS SEM PISTAS.

AO LER ESTE LIVRO TALVEZ VOCÊ DIGA: "A MINHA IDEIA É LOUCA D E M A I S ! "

Diga isto a você:

MillionDollarHomepage.com

Vender pixels em um site da web é uma ideia ridícula, mas no que se refere à Internet as ideias ridículas sempre foram a chave para se ganhar quantias ridículas de dinheiro. Para Alex Tew, vender pixels em um site da web devia ser simplesmente algo para ajudá-lo a pagar a universidade. Mal sabia ele que a ideia faria muito mais e o ajudaria a ter um começo na vida. Agora o jovem já acumulou mais de um milhão de dólares. Surgiram entrevistas em redes de notícias importantes e mais publicidade do que um garoto de 21 anos saberia como lidar, e logo outras pessoas tentaram se beneficiar de sua ideia. Ora, essa é uma ideia ridícula – ridiculamente bem-sucedida.

Não há limites para o poder criativo de Deus. Ele nos deu acesso ao Seu DNA para fazermos grandes coisas nesta terra.

Efésios 1:19

"E a incom-
parável grande-
za do seu poder
para conosco,
os que cremos,
conforme a atu-
ação da sua
poderosa
força."

NÃO PERMITA QUE NINGUÉM LHE DIGA O QUE FAZER. LUTE PELA SUA VIDA PARA FAZER OS SEUS SONHOS SE REALIZAREM.

Em 1978 o primeiro satélite do moderno Sistema de Posicionamento Global Navstar, o GPS, foi lançado. (O precursor do GPS, o TRANSIT, foi desenvolvido em princípios dos anos 60 para guiar submarinos nucleares). Mas foi apenas no ano 2000 que o Presidente Clinton concedeu acesso a um sinal de GPS decodificado para os usuários não militares. Agora acessíveis, as unidades de GPS podem determinar a localização de uma pessoa dentro de até 2,70 metros. Hoje, existem dispositivos de GPS nos carros, nos telefones celulares, nos relógios e em outros produtos.

Localize-se agora. Tome a decisão de avançar na vida. Mas você precisa tomar essa decisão.

Torne-se invisível para os seus desafios, acredite nos seus sonhos e voe.

A AERONAVE STEALTH B-2 TEM UM PODER DE FOGO MACIÇO CAPAZ DE PENETRAR DEFESAS ANTERIORMENTE IMPENETRÁVEIS EM QUALQUER PARTE DO GLOBO.

TOME POSSE DO ACESSO TOTAL E CREIA.

A VIDA DE DEUS FOI ENVIADA A NÓS PARA VIVERMOS E HABITARMOS NELA.

ESSE TIPO DE PODER TORNA A SUA VIDA CAPAZ DE FAZER O DESCONHECIDO SE TORNAR CONHECIDO. SONHOS QUE VOCÊ AINDA NÃO VIU E PENSAMENTOS QUE SE TORNARÃO REALIDADE.

Jesus

"MAS QUANDO O ESPÍRITO DA VERDADE VIER, ELE OS GUIARÁ A TODA A VERDADE, POIS NÃO FALARÁ DA SUA PRÓPRIA VONTADE, MAS FALARÁ TUDO O QUE OUVIR E REVELARÁ O FUTURO A VOCÊS."

Oculta no inconsciente está a grandeza a ser liberada.

Efésios 3:9

"... e
ajudar
todos a verem
como este segredo
que tem estado em ope-
ração esteve oculto durante eras
por Deus, que criou todas as coisas."

VOCÊ

quer conhecer os segredos ocultos?

quer o melhor para a sua família?

quer ter êxito?

quer uma promoção?

quer prosperar?

quer mudar o mundo?

Faça a si mesmo um favor hoje e comece a criar. Mas encontre aqueles que acreditem junto com

você

Encontre um mentor que o ajude a chegar lá.

Inicie o processo.

Mark Zuckerberg

é um programador de computadores norte-americano e empreendedor da Internet. Ele é mais conhecido como um dos cinco fundadores da rede social

facebook

Desde abril de 2013 seu patrimônio pessoal foi estimado em 13,3 bilhões de dólares.

JUNTAMENTE COM SEUS COLEGAS DE QUARTO DA UNIVERSIDADE DE HARVARD, EDUARDO SAVERIN, ANDREW MCCOLLUM, DUSTIN MOSKOVITZ E CHRIS HUGHES, ZUCKERBERG LANÇOU O FACEBOOK NOS DORMITÓRIOS DA HARVARD. EM 2007, AOS VINTE E TRÊS ANOS, ZUCKERBERG SE TORNOU UM BILIONÁRIO COMO RESULTADO DO FACEBOOK, E O NÚMERO DE USUÁRIOS DA REDE EM TODO O MUNDO ATINGIU UM TOTAL DE 1 BILHÃO EM 2012. DESDE 2010, ZUCKERBERG TEM SIDO CITADO ENTRE AS 100 PESSOAS MAIS RICAS E MAIS INFLUENTES DO MUNDO PELA REVISTA TIME E RECEBEU A DISTINÇÃO DE PERSONALIDADE DO ANO.

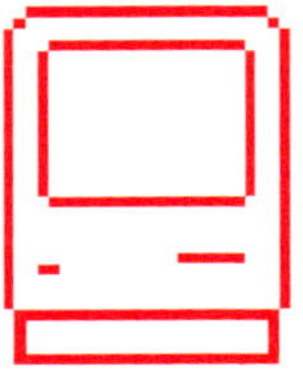

ZUCKERBERG COMEÇOU USANDO COMPUTADORES E SOFTWARES DE REDAÇÃO NO ENSINO MÉDIO. SEU PAI ENSINOU-LHE A PROGRAMAÇÃO BÁSICA DO ATARI NOS ANOS 60, E MAIS TARDE CONTRATOU O DESENVOLVEDOR DE SOFTWARE DAVID NEWMAN PARA LHE DAR AULAS PARTICULARES.

FATOR VOCÊ

DICAS CRIATIVAS

Aquiete-se e ouça as orientações do Criador.

Escreva o primeiro passo no seu plano de ação.

Detalhe seu plano de ação.

Continue ouvindo e o Criador lhe dará instruções.

Para dar continuidade ao seu desenvolvimento pessoal, acesse:

lesterbello.com

brainstorm

TEMPESTADE DE IDEIAS

Ouça dentro de você e pergunte a Deus os segredos para a sua vida.

Anote palavras ou pensamentos. Não tente entender, apenas escreva e não pare quando começar a escrever.

SONHE GRANDE, SEJA CRIATIVO E CRIE.

DEUS LHE DEU PODERES CRIATIVOS.

HOJE É O SEU DIA DE REALIZAR OS SEUS SONHOS P E R D I D O S .

NÃO PERMITA QUE NINGUÉM LHE DIGA O QUE VOCÊ NÃO PODE FAZER.

NÃO COMPROMETA A EXCELÊNCIA E A INTEGRIDADE EM NADA QUE VOCÊ CRIAR.

AUTOR
LESTER BELLO

TRADUÇÃO
MARIA LUCIA GODDE
IDIOMAS & CIA

REVISÃO
IDIOMAS & CIA

DESIGN/ DIAGRAMAÇÃO
SAMUEL MATOS

IMPRESSÃO E ACABAMENTO
EDELBRA GRÁFICA

SAIBA MAIS
LESTERBELLO.COM

BELLO

BELLO, LESTER

B446 CRIAR: VIVA O EXTRAORDINÁRIO / LESTER BELLO;
TRADUÇÃO DE
MARIA LÚCIA GODDE / IDIOMAS & CIA.
BELO HORIZONTE:
BELLO PUBLICAÇÕES, 2013.
64P. - TÍTULO ORIGINAL: CREATE

1. AUTO-AJUDA - ASPECTOS RELIGIOSOS. I. TÍTULO.

CDD: 158.1
CDU: 159.9:230.112

ISBN-979-85-61722-02-9